El pequeño
libro de la
respiración
yoga

El pequeño libro de la respiración yoga

El pranayama fácil y práctico

Scott Shaw

Gaia
ediciones

Título original: *The Little Book of Yoga Breathing*

Editado originalmente por
Red Wheel, York Beach, ME (EE.UU.)

© Scott Shaw, 2005

Traducción: Vicente Muñoz Torregrosa

De la presente edición en castellano:
© Gaia Ediciones, 2016
   Alquimia, 6 - 28933 Móstoles (Madrid) - España
   Tels.: 91 614 53 46 - 91 614 58 49 - Fax: 91 618 40 12
   E-mail: alfaomega@alfaomega.es - www.alfaomega.es

I.S.B.N.: 978-84-8445-782-4
Depósito Legal: M. 40.509-2018

Primera edición: enero de 2019

Impreso en España por: Artes Gráficas COFÁS, S.A.

Índice

Prólogo

La sociedad moderna camina a paso tan acelerado que en muchas ocasiones, inevitablemente, sentimos la necesidad de revitalizar nuestra energía con el fin de poder mantener nuestra actividad diaria. A menudo intentamos remediarlo tomando bebidas con cafeína o alimentos con un alto

contenido en azúcar, lo cual no solo causa evidentes perjuicios para la salud, sino que además plantea problemas a la hora de aumentar nuestra energía. Aunque esos productos te puedan estimular de forma temporal, tu metabolismo buscará rápidamente su propio equilibrio y te dejará más agotado que antes.

¿Cómo puedes rejuvenecer tu cuerpo de una forma rápida y sana en momentos de necesidad? El método natural, el que proporciona vigor renovado, tiene miles de años de antigüedad y lo único que requiere es respirar conscientemente unas cuantas veces.

La esencial respiración humana

El aire que respiramos es nuestro pasaporte a la vida. Podemos vivir unos cuantos días sin agua y bastantes días sin alimentos; pero en cuanto nos quitan el oxígeno, nuestro cuerpo comienza a agonizar. Por tanto, es razonable deducir que el aire es el elemento esencial para la subsistencia y que respirar correctamente mejorará la calidad de tu vida en general.

Beneficios energéticos del pranayama

La ciencia moderna de la salud nos enseña que por medio del ejercicio el cuerpo humano adquiere mayores cantidades de oxígeno de las que requiere una vida humana normal. Las consecuencias de ello son un sistema cardiovascular más fuerte y una mejora en la salud física y mental. Si te fijas en los atletas que practican deporte cardiovascular, te darás cuenta de que son personas que poseen un

sentido de bienestar físico y mental superior, así como una mayor cantidad de energía. Por otra parte, si observas a las personas sedentarias te darás cuenta de que normalmente son seres apáticos y carentes de motivación.

Aunque está demostrado que el ejercicio físico es bueno para la salud, no siempre te es posible revitalizarte a través de él, especialmente cuando te encuentras agotado y abatido al final de un día de trabajo que básicamente has pasado sentado ante una mesa. Afortunadamente para ti, existe otra forma de alcanzar el mismo nivel de energía que el conseguido por los atletas experimentados. El nombre de ese método es *pranayama*, una palabra que proviene del sánscrito.

El pranayama es una ciencia para controlar la respiración, ciencia que empezó a practicarse en India hace miles de años. Las antiguas técnicas del pranayama te enseñan cómo controlar tu respiración de una forma consciente y permiten que en tu cuerpo entre más oxígeno vivificante. Con estos simples pero precisos ejercicios puedes revitalizar todo tu ser en cualquier momento y lugar en que lo necesites.

Los antiguos ejercicios de control de la respiración no son abstractas técnicas metafísicas que requieran años de práctica bajo la supervisión de un maestro para llegar a aprenderlas. Se trata de ejercicios simples, de resultados probados, que se pueden llevar a cabo prácticamente en cualquier parte.

En algunos de ellos ni tan siquiera hay que hacer movimiento alguno. Por tanto, podrás estar realizándolos en presencia de otras personas sin llamar la atención.

El Pranayama que calma

La sociedad moderna frecuentemente nos produce la necesidad de un estímulo energético, y también nos provoca una agitación extrema. Muchos de nosotros vemos cómo las tensiones de la vida diaria consiguen que suba nuestra presión sanguínea y desencadenan palpitaciones en el corazón. La antigua ciencia de pranayama también utiliza métodos para reenfocar tu cuerpo y tu mente, y para calmar tus agitados pensamientos y emociones simplemente mediante el uso de unas cuantas técnicas de respiración.

Los ejercicios del pranayama más requeridos y practicados suelen ser aquellos que refuerzan la energía. No obstante, es importante no olvidar que todas las técnicas pranayámicas hacen que el cuerpo inhale una cantidad de oxígeno adicional de forma muy específica. Por tanto, aunque generalmente el efecto de cierto ejercicio del pranayama en concreto sea que tu cuerpo y tu mente se calmen y se vuelvan más internamente reflexivos y meditativos, esa técnica te ayudará a convertirte en un ser más vigoroso física y mentalmente.

Este pequeño libro te proporciona toda la información necesaria para practicar estas simples pero efectivas técnicas de respiración. Realizándolas, pronto te darás cuenta de que el pranayama puede cambiar tu vida positivamente en poco tiempo. Podrás elevar tu nivel de energía cuando lo necesites, así como calmar tu cuerpo cuando tengas que enfocar tu atención o relajarte.

La revitalización de tu energía y el enfoque de tu mente están solo a una respiración de distancia. Inspira...

Pranayama básico

El término pranayama procede del sánscrito y consta de dos vocablos: *prana* (fuerza vital) y *ayama* (extensión). Por tanto, la traducción literal de la palabra pranayama es «extensión de la fuerza vital».

Desde tiempos inmemoriales hemos comprendido que la respiración, además de administrar al cuerpo el oxígeno necesario para la vida, aporta algo más. Cuando se controlan, la inhalación y la exhalación de la respiración limpian y purifican al individuo, y pueden calmar la mente inquieta o cargar de energía el cuerpo exhausto.

Tu primera respiración consciente

En los niveles más elementales del pranayama simplemente aprenderás a dirigir unas
cuantas respiraciones profundas hacia el abdomen. En sánscrito, esa técnica es conoci-
da como deergha swasam (dir-ga – sua-sam),
respiración profunda.

No hay otro momento como el presente.
Ahora mismo, estés donde estés, respira profundamente. Inspira lenta y uniformemen-
te a través de la nariz y dirige el aire hacia
el abdomen. Mientras lo haces, siente cómo
la zona de tu estómago se expande con la
nueva fuerza vital que va inflando tu cuerpo. Después de aguantar el aire durante uno

o dos segundos, deja que salga por la nariz al mismo ritmo al que lo has inhalado.

Este simple ejercicio pranayámico te revitalizará en gran medida cuando te sientas cansado, deprimido o tenso, y a la vez te proporcionará una dosis inmediata de prana. Practica este ejercicio unas cuantas veces cada día simplemente para limpiar tus pulmones de impurezas y realinear tu ser interno con la energía cósmica del prana. De esta forma podrás seguir adelante con tu vida más centrado y con mayor vigor.

Aspectos esenciales de la respiración

Respirar conscientemente es el primer paso hacia una vida más pura y llena de energía. Para asegurarte de que estás respirando correctamente es fundamental que, cuando lo hagas, estés muy atento a tus hábitos.

Observa tu respiración natural

Empieza ahora mismo un análisis consciente de tu respiración. Cierra los ojos y tómate un momento para observarla mientras contestas mentalmente a las siguientes preguntas:

1. ¿Estás inspirando a través de la nariz o a través de la boca?

2. Cuando inspiras, ¿tu pecho y tu estómago se expanden o se encogen?

3. Cuando inspiras, ¿el aire llega hasta tu abdomen o se queda en tu pecho?

4. ¿Qué sientes cuando el oxígeno vivificante entra y sale de tu cuerpo?

Ahora que has observado las pautas de tu respiración natural, determina si algún elemento debe ser alterado o refinado. Si te parece que estás respirando de una forma innatural, no te enfades contigo mismo. En cada uno de esos casos, las pautas de la respiración innatural son algo que has desarrollado con tus hábitos.

Por tanto, tú puedes tomar el control y respirar conscientemente de forma que te proporcione una intensa energía física y mental.

1. *¿Estás inspirando a través de la nariz o a través de la boca?*

Si respiras por la boca, no le estás permitiendo al cuerpo que filtre y purifique de forma natural el aire que introduces. Los contaminantes presentes en el aire que no son filtrados por la nariz acaban en los pulmones. Eso es insano.

Cuando te des cuenta de que estás inspirando por la boca, corrígelo dirigiendo conscientemente el aire a través de la nariz. Con ello, al final tu cuerpo se ajustará a la forma más sana de respirar.

2. Cuando inspiras, ¿tu pecho y tu estómago se expanden o se encogen?

Si tu estómago y tu pecho se contraen (en vez de expandirse) cuando inspiras, estás respirando de un modo innatural, obstaculizando el flujo del prana a tu cuerpo. Si ese es el caso, debes tomar el control de tu respiración para corregirla. Toma nota de tus pautas respiratorias varias veces al día. Si ves que tu pecho y tu estómago se contraen cuando inspiras, debes rectificar y conseguir que, de una forma natural, tu pecho y tu estómago se expandan cuando inspires y se contraigan cuando expires.

3. *Cuando inspiras, ¿el aire llega hasta tu abdomen o se queda en tu pecho?*

Si con tu inspiración el aire solo llega hasta el pecho, no estás permitiendo que el prana vigorice tu cuerpo y tu mente, y te quedarás apático y falto de energía. Por tanto, eso es algo que se debe modificar; y se corrige observando pausadamente la respiración varias veces a lo largo del día. Si procuras que tu respiración profundice hasta el abdomen las veces suficientes, tu cuerpo desarrollará este nuevo y saludable hábito.

4. ¿Qué sientes cuando el oxígeno vivificante entra y sale de tu cuerpo?

Observar las sensaciones y emociones que experimentas mientras el aliento vivificador está entrando y saliendo de tu cuerpo te ayudará a elevar tu consciencia a un nuevo nivel de comprensión. Desde esa situación, estarás interactuando con la esencia de la vida y con la forma en que esta afecta a todas las situaciones. Percibirás cómo la calidad del aire que respiras afecta el nivel general de energía de tu cuerpo; y si el aire está contaminado o deficientemente filtrado, notarás que tu cuerpo no está recibiendo suficiente prana vivificador. También advertirás el momento en el cual tu cuerpo no esté funcionando en armonía natural con tus sistemas respiratorio y circulatorio, o en el que tengas que incrementar tu ejercicio pranayámico o físico para reforzar tu salud general, o en el que debas interrumpir el ejercicio durante un período de tiempo con el fin de permitir que tu cuerpo descanse.

Si utilizas deliberadamente la respiración consciente durante todo el día, no solo corregirás cualquier pauta de respiración poco natural que hayas desarrollado, sino que, además, entrarás en un estado de comprensión física y mental más puro, lo cual es esencial para una vida purificada y plena.

Toma el control de tu respiración

Ahora que sabes cómo respirar del modo más beneficioso y natural, puedes avanzar en las técnicas formales del pranayama. Estas son muy diferentes al método de respiración natural antes descrito. Con cada una de estas técnicas aprenderás a realizar conscientemente la respiración mientras aumentas la energía de elementos muy específicos de tu ser físico y mental.

Las respiraciones que aumentan la energía

Llevar a tu cuerpo grandes cantidades de oxígeno de forma rápida y controlada no solo es el modo más eficiente de incrementar automáticamente tu nivel de energía, sino que, además, es el más saludable. En vista de que todas las formas de estimulación artificial de la energía tienen efectos secundarios, la respiración es lo único cien por cien natural. Es el medio que usa la naturaleza para ofrecerte sin estímulos artificiales la energía que necesitas.

Lo único que requiere son unas cuantas respiraciones conscientes.

Respiración básica para reforzar la energía

Beneficios: Este ejercicio de control sobre la respiración te proporcionará una revitalización de energía instantánea y reforzará tu concentración mental.

Técnica: Empieza justo donde estás. Siéntate. Endereza la columna. Haz unos movimientos giratorios con el cuello para liberar cualquier tensión que pudiera haber. Cierra los ojos. Observa tu pauta de respiración natural durante unos momentos. Observa cada aliento vivificante que entra en tu cuerpo a través de la nariz. Mentalmente, observa su recorrido hasta el fondo de tus pulmones mientras tu estómago se expande. Reconoce conscientemente que la respiración es la clave de tu vida, que es el regalo universal que permite que funciones. Observa cómo ese aliento empapa tu ser con la esencia de la vida.

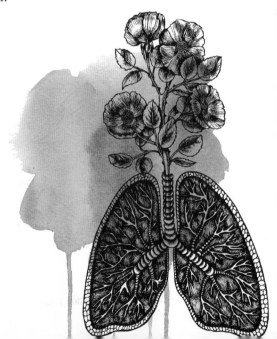

Después de haber observado unos cuantos ciclos de respiración natural, toma pausadamente una gran cantidad de aire por la boca. En cuanto tus pulmones estén llenos, suéltalo inmediatamente por la boca. Cuando hayas exhalado todo el aire, toma otra gran bocanada. Y de nuevo, una vez que tus pulmones estén llenos, suéltalo por la boca.

Repítelo durante tres o cuatro ciclos y luego puedes volver a tu respiración natural a través de la nariz. Mientras lo haces, siente cómo tu cuerpo se revitaliza instantáneamente mediante la inspiración rápida.

Tras unos momentos de contemplación, lleva estas técnicas de control sobre la respiración al siguiente nivel. Toma una gran y profunda bocanada de aire. Permite que esta respiración expanda tu pecho y tu estómago. Respira tanto aire vivificador como te sea posible. Tan pronto como tus pulmones estén llenos con esta respiración, cierra la

boca y mantenla unos dos segundos abrazando conscientemente su poder. Ahora, deja salir el aire por la boca exhalando suavemente. Continúa así hasta que tus pulmones estén completamente vacíos.

Si tú eres como la mayoría de las personas y nunca antes habías practicado el control de la respiración, te darás cuenta de que en los pulmones queda un poco de aire. Durante la mayor parte de tu vida este resto de aire pasa absolutamente inadvertido. Pero, cuando comienzas a practicar conscientemente el control de la respiración, adquieres una consciencia muy precisa de tu sistema respiratorio. Para expulsar ese resto de aire de los pulmones debes contraer los músculos abdominales superiores. Al hacerlo, no solo expulsas los elementos nocivos de la contaminación ambiental que han conseguido llegar a tus pulmones, sino que además empiezas a adiestrar a tu cuerpo para que utilice la respiración más beneficiosa: inhalaciones y exhalaciones plenas.

Una vez que todo el aire ha sido expulsado de tus pulmones, vive esta ausencia. Siente la ligereza de tu cuerpo cuando tus pulmones están completamente vacíos. Después de dos segundos de reflexión, vuelve a inspirar profundamente y luego suelta el aire siguiendo las mismas pautas.

Repite este ejercicio durante tres o cuatro ciclos. Cuando hayas completado el último, abre los ojos y observa el nuevo tono que ha adquirido el mundo por el hecho de haber revitalizado tu cuerpo con mayores cantidades de oxígeno.

Kapalabhati:
Cráneo brillante

En sánscrito, *kapalabhati* (ka-pa-la-ba-ti) significa «cráneo brillante».

Beneficios: Este ejercicio es una antigua técnica de control de la respiración que, cuando se usa adecuadamente, no solo revitaliza tu cuerpo sino que, además, acelera en gran medida el grado de tu consciencia mental.

Técnica: Sentado, haz unos movimientos giratorios con el cuello y la parte superior del tronco para soltar cualquier músculo que pudiera estar tenso. Luego, endereza la columna y cierra los ojos. Concéntrate en tu respiración y observa cómo la fuerza energizante de la vida entra y sale de tu cuerpo a través de la nariz.

Cuando estés concentrado, inspira profundamente por la nariz. Deja que el aire llene tus pulmones. Mientras lo haces, observa cómo tu pecho y tu estómago se expanden. Cuando tus pulmones ya estén llenos de aire y llegue el momento de exhalar, expulsa el aire de tu cuerpo a través de la nariz fuerte y rápidamente. Vuelve a inhalar de inmediato, de manera enérgica, por la nariz. En cuanto el aire esté dentro, expúlsalo.

En la técnica kapalabhati cada inspiración y cada expiración deberían durar un segundo aproximadamente. En este método de control de la respiración no se retiene el aire en ningún momento. El aire es introducido rápidamente y luego es expulsado con la misma celeridad.

En la primera fase de esta técnica de control de la respiración debes realizar tres ciclos de diez respiraciones cada uno. En la última de cada ciclo, la exhalación debe ser lenta y controlada. Luego, respira de forma natural por la nariz aproximadamente unos tres ciclos. Una vez que el aire de la última respiración sea exhalado conscientemente, comienza de nuevo con la pauta de respiración de inhalaciones y exhalaciones rápidas.

Es probable que, cuando empieces a practicar esta técnica de control de la respiración, te sientas ligeramente mareado. Si eso te resulta incómodo, entonces limita la práctica a uno o dos ciclos. Una vez que tu cuerpo se haya acostumbrado a kapalabhati, podrás ampliar esta práctica a diez ciclos de treinta respiraciones.

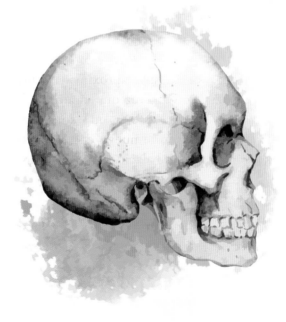

Bastrika: Respiración fuelle

En sánscrito, la palabra *bastrika* significa «fuelle». Esta palabra se usa como referencia a la herramienta que el herrero utiliza para avivar el fuego.

Beneficios: Los beneficios de bastrika son la rápida revitalización de la energía y el incremento de la circulación sanguínea. También te ayuda a calentar el cuerpo cuando tienes frío.

Técnica: Siéntate en una posición cómoda manteniendo derecha tu columna. Cierra los ojos durante un momento y observa tu pauta de respiración natural. Cuando estés lo bastante concentrado, cierra la boca e inhala y exhala por la nariz diez veces rápidamente. Esta vez no se trata de respiraciones profundas, sino cortas y rápidas. El foco de bastrika está en la exhalación. Como si fuese un fuelle avivando el fuego, deja que cada inhalación sea exhalada con rapidez.

En cuanto hayas acabado la décima respiración rápida y poco profunda, inspira largamente por la nariz. Deja que el aire viaje por tu cuerpo. En ese punto, flexiona el cuello hasta que la barbilla descanse sobre el pecho para así retener el prana profundamente en tu cuerpo. Mantén esa respiración y esa posición durante el tiempo que te resulte cómodo. Luego, levanta la cabeza y suelta todo el aire. Vuelve a repetir todo el ciclo de inmediato, empezando por las respiraciones cortas y rápidas.

Comienza la práctica de bastrika lenta y gradualmente, observando cómo reacciona tu cuerpo a esta técnica pranayámica. Cuando se empieza a practicar bastrika hay que hacerlo de uno a tres ciclos completos. Según vayas sintiéndote cómodo con su práctica, puedes ir alargándola. Si te excedes en este ejercicio, puedes sentir ligeros mareos, lo cual, claro está, no te beneficia.

Lo ideal en bastrika es completar tres ciclos, aunque haciendo solo uno de ellos notarás inmediatamente un incremento de tu energía.

Murcha:
El aliento retenido

En sánscrito, la palabra *murcha* significa «retener».

Beneficios: La técnica murcha se realiza con el fin de reforzar la energía mental y proporcionar una sutil sensación de euforia.

Técnica: Siéntate en una posición cómoda, cierra los ojos y, con mucha atención, inspira profundamente unas cuantas veces por la nariz. No retengas el aire. Simplemente, deja que entre y salga de tu cuerpo siguiendo una pauta natural. Eso hará que tu nivel de energía se incremente de inmediato y que tus pulmones se purifiquen.

Cuando sientas que estás mentalmente preparado, vuelve a inspirar profundamente por la nariz, dirigiendo el aire hasta el fondo de tu cuerpo. Esta vez, retenlo. Como hiciste en bastrika, flexiona el cuello, llevando la barbilla hasta el pecho si es posible. Aguanta el aire y la posición corporal durante el tiempo que te sea cómodo. Luego, levanta la cabeza y suelta el aire por la nariz. En cuanto lo hayas expulsado todo, repite el ciclo, empezando con una inspiración profunda por la nariz.

En murcha, como en todas las técnicas pranayámicas, es esencial no forzar nunca el cuerpo. Se deben practicar de uno a cinco ciclos de respiraciones. No aguantes la respiración más tiempo del que te resulte cómodo. Según vayas progresando, aumentará tu capacidad para aguantar la respiración cada vez más de forma natural.

Kumbhaka:
La respiración pura

En sánscrito, *kumbhaka* (kum-ba-ka) se refiere a la «respiración pura».

Beneficios: La función de kumbhaka es elevar sutilmente la energía física y mental. Además, kumbhaka proporciona al que lo practica un agudo sentido de alerta mental y espiritual.

Técnica: Siéntate, cierra los ojos, endereza la columna y dirige la atención hacia tu pauta de respiración natural durante un momento. Mientras lo haces, concentra la mente en la energía que te proporciona cada inspiración.

Cuando te sientas preparado, tápate el orificio derecho de la nariz con el pulgar de la mano derecha. Inspira rápida y profundamente a través del orificio izquierdo contando mentalmente «uno, dos, tres, cuatro, cinco y seis».

Tan pronto como hayas acabado la inhalación, suelta inmediatamente el aire por el orificio izquierdo (el mismo por el que has inhalado). Mientras expulsas el aire, vuelve a contar mentalmente «uno, dos, tres, cuatro, cinco y seis». Asegúrate de que salga todo el aire residual de los pulmones.

Cuando hayas soltado todo el aire, experimenta el vacío mientras cuentas «uno, dos, tres, cuatro, cinco, seis, siete, ocho, nueve, diez, once y doce».

Cuando hayas acabado de contar, cambia de lado y, tapando el orificio izquierdo de la nariz con el pulgar de la mano izquierda, empieza el proceso en el lado opuesto.

Es importante no forzar o fatigar el cuerpo. Cuando empieza a practicarse, esta técnica pranayámica se debe realizar durante tres ciclos, aunque puedes hacer menos si tres repeticiones te parecen muchas. Según vayas progresando, incrementa las repeticiones hasta veinte.

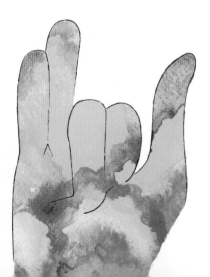

Ujjayi:
La respiración siseante

En sánscrito, *ujjayi* (u-ya-yi) significa «sisear», el sonido que se hace al practicar esta técnica.

Beneficios: La función de ujjayi es la de aumentar sutilmente tu energía y hacer que te sientas más vigoroso y más centrado mentalmente. Desde una perspectiva metafísica, ujjayi cura el cuerpo de males respiratorios tales como el asma y la bronquitis.

Técnica: Siéntate, cierra los ojos y endereza la columna, durante un momento, observa tu respiración natural. Cuando te sientas preparado, inspira de forma profunda a través de ambos orificios de la nariz, de forma muy consciente.

Permite que el aire entre en tu cuerpo. Mientras inhalas, bloquea mentalmente el aire en la zona que se encuentra entre la parte central de tu pecho y tu garganta.

Aguanta el aire el tiempo que te resulte cómodo. Cuando tengas que exhalar, hazlo a través del orificio izquierdo, tapando el orificio derecho con el pulgar de la mano derecha.

En cuanto hayas expulsado todo el aire, vuelve a inspirar por ambos orificios de la nariz. Deja que el aire se vuelva a situar en la misma zona que en la respiración anterior, entre el pecho y la garganta.

Una vez más, retén el aire durante el tiempo que te resulte cómodo y luego suéltalo. Mientras lo haces, tápate el orificio izquierdo con el pulgar de la mano izquierda y exhala a través del orificio derecho.

En las primeras fases de su práctica, ujjayi se debe repetir entre diez y veinte veces, dependiendo del tiempo que le puedas dedicar. Según te vayas sintiendo más cómodo con este ejercicio pranayámico, puedes aumentar las repeticiones hasta cincuenta veces o más. Este ejercicio es ideal para las mañanas de esos días en los que tus niveles de energía van a ser puestos a prueba.

Las respiraciones en calma

Cuando comiences la práctica del
pranayama, recuerda que el aumento del
conjunto de la energía de tu cuerpo no solo
tiene lugar cuando tú te estás sintiendo
estimulado. Algunas veces, la calma es lo
mejor para enfocar y regenerar tu energía.
Realiza los siguientes ejercicios
pranayámicos cuando necesites tener una
comprensión más profunda y rejuvenecer
sutilmente tu energía.

Sukha Purvaka:
La respiración fácil

Sukhapurvaka (su-ka pur-va-ka) en sánscrito significa «la respiración fácil».

Beneficios: La función de sukha purvaka es calmar rápidamente la mente y bajar el ritmo cardiovascular en momentos de tensión. También es una técnica excelente para practicar antes de la meditación, ya que invoca un estado de mente claro y positivo.

Técnica: Sentado cómodamente con las manos en el regazo, cierra los ojos, endereza la columna y observa cómo el aire entra y luego sale de tu cuerpo. Abraza la fuerza vivificante en cada respiración.

Cuando estés preparado, tapa el orificio derecho de tu nariz con el pulgar de la mano derecha. Inhala lenta y naturalmente a través del orificio izquierdo. Cuando completes la inhalación, deja que el aire salga de tu cuerpo de manera natural, también a través del orificio izquierdo. Repite esta respiración doce veces.

Una vez que hayas acabado con la última exhalación, vuelve a poner la mano derecha sobre tu regazo, levanta la mano izquierda y, tapando el orificio izquierdo, vuelve a respirar doce veces de forma natural. Cuando hayas concluido esa serie, reposa ambas manos en el regazo y descansa un momento. Te levantarás en un estado de tranquilidad mental, y tu capacidad para razonar estará correctamente enfocada.

Sithali: La respiración refrescante

En sánscrito, *sithali* (si-ta-li) significa «respiración refrescante».

Beneficios: Utiliza este ejercicio del pranayama para refrescarte físicamente si tu cuerpo está expuesto a altas temperaturas. También utilízalo para apartarte de los deseos de comer, beber y dormir cuando estos deban ser evitados.

Técnica: Siéntate, cierra los ojos y observa durante un momento el proceso natural del aire entrando y saliendo. Cuando hayas conseguido un relativo estado de calma, dobla la lengua como haciendo un canal y sácala hacia fuera. Al inspirar, hazlo a través del pasillo central. No fuerces la inspiración, pero realízala de forma consciente mientras observas mentalmente el prana alimentando todo tu ser. Cuando la inhalación se vaya completando, lleva la lengua al interior de la boca y cierra los labios. Retén el aire hasta que te sea cómodo. Luego, suéltalo por la nariz.

Experimenta por un momento la ligera sensación de vacío debida a la ausencia de aire en tus pulmones, hasta que sientas que tienes que respirar. Una vez más extiende la lengua acanalada e inspira lentamente.

Realiza esta técnica pranayámica hasta un máximo de quince ciclos de respiración. Puede asentar tu mente y satisfacer las necesidades inmediatas de tu cuerpo para que el frío, la sed, el hambre o el cansancio no te distraigan cuando estés realizando una actividad física o mental.

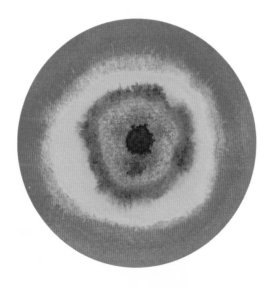

Sitkari: La respiración sorbedora

En sánscrito, *sitkari* significa «sorber», el sonido que se hace al practicar esta técnica.

Beneficios: Sitkari es una técnica de control de la respiración cuya función es calmar rápidamente tu cuerpo y tu mente mientras vigoriza tu capacidad mental. Al igual que sithali, anteriormente descrita, sitkari es una respiración limpiadora que te preserva del frío, del hambre y de la sed, a la vez que te proporciona una energía adicional.

Técnica: Inicia este ejercicio pranayámico sentado, colocado conscientemente en tu asiento. Endereza la columna, cierra los ojos, y durante un momento observa las pautas de tu respiración natural. Cuando estés preparado, empuja firmemente la lengua hacia el paladar. En tu próxima inhalación, inspira lentamente por la boca. Esto hará que el aire entrante produzca el sonido de sorber. Cuando hayas acabado de inspirar, relaja la lengua, cierra la boca y mantén el aire en los pulmones tanto como te resulte cómodo. Luego, suéltalo por la nariz. Una vez más, vuelve a empujar la lengua contra la parte superior de la boca e inspira a través de ella, repitiendo de nuevo el sonido de absorción.

Practica esta técnica repitiéndola de cinco a diez veces para calmar tu cuerpo y mente y centrar tu ser en cualquier tarea que tengas que llevar a cabo.

Brahmari: La respiración con sonido

En sánscrito, *brahmari* (bra–ma–ri) significa «la respiración con sonido». Se refiere al sonido que haces cuando realizas esta técnica pranayámica.

Beneficios: Brahmari es una técnica de control de la respiración que de forma rápida calma la mente atormentada. También activa los campos más elevados del yo. Es un gran ejercicio para realizar antes de la meditación, ya que ayuda a aclarar y a enfocar la mente.

Técnica: Sentado, con los ojos cerrados, centrándote en la respiración, inspira unas cuantas veces de manera un poco más profunda de lo normal. Deja que la mente enfoque y se calme.

Cuando estés preparado, empieza inspirando por la nariz. Mientras lo haces, contrae la glotis (la apertura entre las cuerdas vocales). Esto causa un sonido ronco cuando entra el aire.

Cuando este haya llenado tus pulmones, retenlo tanto como te resulte cómodo y luego suéltalo por la nariz.

Continúa exhalando hasta que todo el aire haya salido de tu cuerpo. Si lo crees necesario, puedes ayudar a ese proceso empujando el aire restante con los músculos del estómago.

Una vez que lo hayas realizado, siente durante un momento el vacío natural y luego vuelve a inspirar siguiendo las pautas previamente detalladas.

Esta técnica pranayámica se debe repetir unas diez veces aproximadamente, lo que permitirá que centres y enfoques tu mente.

Nadi Sudi: La respiración que purifica los nervios

En sánscrito, *nadi sudi* significa «la respiración que purifica los nervios».

Beneficios: Nadi sudi es el ejercicio esencial para calmar el cuerpo y la mente. Es la técnica pranayámica más apropiada para tranquilizar la mente frenética y ralentizar el ritmo acelerado del corazón.

Técnica: Siéntate y otórgate el espacio que necesites para relajarte y reflexionar por un momento. Cuando estés preparado, cierra los ojos y respira profundamente. Aguanta el aire tanto como te sea cómodo y luego suéltalo de forma consciente.

Con el pulgar de la mano derecha tápate el orificio nasal derecho. Inspira lenta y profundamente a través del orificio izquierdo. Observa el aire entrando y fluyendo lentamente por tu cuerpo en una corriente de energía calmante. Una vez que la inhalación haya concluido, mantén el aire en los pulmones durante cinco segundos. Cuenta lentamente «uno, dos, tres, cuatro y cinco». Ahora, retira el pulgar para que el orificio derecho quede abierto y, al mismo tiempo, tapa el orificio izquierdo con el dedo índice. Deja que el aire salga de tu cuerpo lenta y naturalmente a través del orificio derecho. Cuando haya salido todo el aire, siente el sereno vacío. Cuenta «uno, dos, tres, cuatro y cinco».

Al volver a inspirar, hazlo a través del orificio derecho. Aguanta el aire igual que en la inspiración anterior y cuenta hasta cinco. Cuando llegue el momento de soltar el aire, tapa el orificio derecho con el pulgar derecho y deja que el aire salga lentamente a través del orificio izquierdo.

Repite este proceso unas veinte veces aproximadamente. Nadi sudi favorece rápidamente la ligereza corporal, así como la calma y el enfoque mental. Es una técnica ideal para practicar antes de iniciar la meditación o de dormir.

Pranayama
en movimiento

El pranayama tradicional fue concebido únicamente como un método de fanáticos para purificar ciertos aspectos de su ser físico y espiritual mientras se nutrían con el prana para obtener un estado de meditación más profundo y finalmente experimentar la iluminación. Por tanto, la mayoría de los ejercicios del pranayama tradicional fueron diseñados para ser practicados sentado o en posición estática.

Como la ciencia del pranayama ha evolucionado a través de los siglos, los ejercicios tradicionales han dado pie a nuevas técnicas más activas. Los practicantes modernos pueden incorporar antiguas técnicas de control de la respiración casi a cualquier movimiento físico para reforzar su bienestar físico y mental.

En el mundo moderno, donde tanta gente está atada a su mesa de trabajo durante todo el día, se puede olvidar lo beneficioso que es un pequeño movimiento. Sin duda, la ciencia nos ha enseñado que la actividad física es esencial para la reducción del estrés y para reforzar la salud física y mental. Pero, en la actualidad, en muchos casos las personas encuentran difícil romper su rutina diaria para hacer ejercicio. Desde hace mucho tiempo se sabe que el hatha yoga rejuvenece el cuerpo y la mente. Pero mientras que el hatha yoga requiere que aprendas sus posturas formales, el control de la respiración puede elevar tu nivel de energía con movimientos físicos más comunes. El enfoque mental es esencial para llevar el pranayama a niveles en los que las técnicas formales de control de la respiración se integran con el movimiento. Cuando integras el pranayama con el movimiento, no solo has de ser extremadamente consciente de tu respiración en todo momento; también has de serlo de tu cuerpo.

Pranayama en pie

Beneficios: El pranayama en esta posición es un método que aporta rápidamente a tu ser una cantidad adicional de prana, proporcionándote así una mayor energía que te permitirá llevar a cabo cualquier tarea que se te presente. También es una gran fuente de coordinación cuerpo-mente.

Técnica: Ponte de pie y relaja el cuello moviéndolo lentamente en círculos. Mueve las manos y los brazos para aumentar en ellos el flujo de sangre. Sitúa tus manos en las caderas y gira el cuerpo desde la base de la columna. Continúa haciendo estos movimientos durante un rato, y de forma consciente nota el incremento de la circulación sanguínea.

Cuando estés preparado, manteniendo las manos en las caderas, cierra los ojos e inspira un par de veces por la nariz. Siente cómo el aire entra profundamente en tu cuerpo. Cuando notes que es el momento de hacerlo, suelta el aire por la nariz a tu ritmo natural.

Ahora, endereza la columna de forma pausada. Con los ojos todavía cerrados y las manos en las caderas, inspira profundamente por la nariz. Según vaya entrando el aire, deja que el tronco se incline hacia atrás desde la base de la columna. Inclina también la cabeza hacia atrás hasta que la parte posterior del cráneo toque la parte superior de la espalda (con cuidado de no inclinarte demasiado para no perder el equilibrio).

Cuando la inhalación haya llegado a su clímax, relájate y mantén esa posición por un

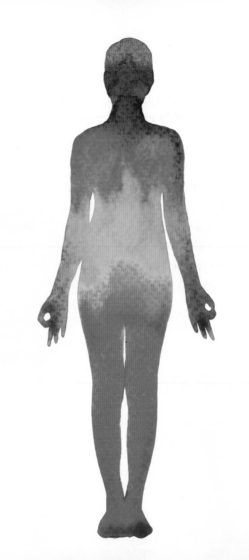

momento. Siente la energía revitalizadora del oxígeno retenido en tu cuerpo.

Luego suelta el aire y, mientras lo haces, ve enderezando la espalda hasta volver a la posición natural. Cuando estés de nuevo recto, respira de forma natural durante unos cuantos ciclos. Observa cómo el aire entra en tu cuerpo mientras abrazas su poder vivificador. Cuando estés preparado, vuelve a inspirar inclinándote hacia atrás.

Esta, como todas las demás técnicas del pranayama, también tiene relación con la consciencia del cuerpo-mente. Por tanto, has de asociar la inclinación hacia atrás con la inspiración.

Convierte la inclinación hacia atrás en un proceso de consciencia. Tu inclinación deberá comenzar con el principio de la inspiración y culminar cuando esta se haya completado.

Realiza este ejercicio hasta cinco veces para reenfocar tu cuerpo y tu mente mediante los efectos naturales que se consiguen mediante la absorción de oxígeno a través de estos movimientos respiratorios.

Pranayama inclinándose

Beneficios: Igual que en el pranayama en pie, el pranayama inclinándose es a la vez una herramienta para la coordinación cuerpo-mente y para la revitalización de la energía.

Técnica: Ponte en pie y mueve el cuerpo para eliminar cualquier tensión muscular y para estimular la circulación sanguínea. Inspira un par de veces por la nariz, haciendo que entre nuevo prana en tu ser.

Cierra los ojos y separa los pies más de lo normal, aproximadamente a la anchura de los hombros. Deja que los brazos cuelguen de forma natural a los lados. Observa la pauta de tu respiración normal durante unos cuantos ciclos.

Cuando estés preparado, inspira profundamente por la nariz. Mantén el aire solo durante un segundo. Inmediatamente, inclínate hacia tu lado derecho. Deja que tu brazo derecho se separe naturalmente de tu cuerpo. Según te vayas inclinando, suelta el aire con tres exhalaciones por la nariz. En cuanto hayas espirado por completo, vuelve a enderezar el cuerpo e inmediatamente comienza a inspirar por la nariz. De nuevo, mantén el aire durante un segundo y suéltalo con tres exhalaciones por la nariz mientras te inclinas hacia el lado izquierdo.

Si realizas esta técnica vigorizante del pranayama hasta diez veces, estarás revitalizando tu cuerpo y tu mente con nueva energía pranayámica y proporcionándote la capacidad de enfocar la mente sobre cualquier tarea que estés realizando.

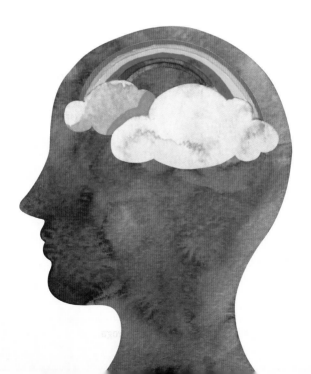

Tensión dinámica I: Empuja la montaña

Los ejercicios de tensión dinámica constituyen un método muy consciente de tensar los músculos de una parte específica del cuerpo. Los atletas que desean desarrollar un grupo de músculos muy concretos, suelen utilizar este método.

No obstante, la tensión dinámica, que es más que un simple ejercicio para el desarrollo muscular, favorece la circulación sanguínea en todo el cuerpo. Por tanto, estos ejercicios, usados con el control de respiración pranayámico, pueden vigorizar de inmediato tu cuerpo y tu mente.

Beneficios: Este ejercicio es una herramienta

ideal para tonificar tu cuerpo y además refresca tu mente y tu energía en momentos de necesidad.

Técnica: Empieza de pie con las manos sueltas a los lados. Cierra los ojos y observa la pauta natural de tu respiración durante un momento.

Comienza cuando tu mente esté enfocada y preparada para recibir la energía vivificante.

Inspira profundamente por la nariz. Cuando la inspiración esté completa, retén el aire en el abdomen mientras cuentas hasta diez. Luego, suéltalo por la nariz.

Tras una completa exhalación, respira lenta y profundamente por la nariz y da un paso adelante con tu pierna izquierda. Mientras continúas inhalando, levanta las manos doblando los codos hasta que las palmas de las manos, mirando hacia el frente, estén a la altura del pecho. Retén el aire mientras cuentas hasta diez.

Ahora, mientras exhalas por la boca, tensa los músculos de hombros, espalda, brazos y manos. Empuja con fuerza hacia delante con las palmas de las manos abiertas, visualizando el poder de tu empuje que mueve una montaña frente a ti.

Una vez que hayas exhalado todo el aire, mantén la posición mientras cuentas hasta diez y experimenta la ausencia de aire. Deja los brazos extendidos hacia el frente y observa cómo tu circulación sanguínea ha aumentado sustancialmente en tus brazos, hombros, parte superior de la espalda y piernas, provocando que una nueva energía revitalizadora pase a través de todo tu cuerpo.

Cuando llegue el momento de volver a respirar, inhala mientras das un paso adelante, con la pierna derecha, de tal manera que la pierna izquierda quede detrás, y lleva las palmas de las manos de nuevo a su posición original. Mantén el aire mientras cuentas hasta diez.

Cuando llegue el momento de exhalar, empuja de nuevo la montaña según vayas extendiendo los brazos hacia delante desde tu pecho. Cuando hayas exhalado, mantén la posición mientras cuentas hasta diez y experimenta la ausencia de aire.

Realiza este ejercicio pranayámico de tensión dinámica hasta diez veces. Te proporcionará nueva vitalidad y reforzará tus manos, tus brazos y la parte superior de tu tronco.

Tensión dinámica II: Levanta el cielo

Beneficios: Este ejercicio, al igual que el de empujar la montaña, es una herramienta ideal para entonar el cuerpo y revitalizar tu energía.

Técnica: Empieza de pie, con los pies separados en línea con los hombros y las manos colgando de forma natural a los lados. Cierra los ojos. Relaja cualquier tensión en tu cuerpo moviendo ligeramente la cabeza, la parte superior del tronco y los brazos.

Cuando estés preparado, asiéntate en tu posición y, durante un momento, observa la pauta natural de tu respiración. Ahora inspira muy profundamente por la nariz. Retén el aire mientras cuentas hasta diez, luego suéltalo por la nariz.

Inspira de nuevo por la nariz mientras subes las manos por los lados de tu cuerpo. Cuando lleguen a la altura de los hombros, pon las palmas hacia arriba. Retén el aire mientras cuentas hasta diez y experimenta su poder vivificador.

Cuando llegue el momento, exhala por la boca. Mientras lo haces, empieza a empujar hacia arriba con un movimiento fuerte y a la vez controlado de la parte superior del cuerpo, visualizándote mentalmente a ti mismo empujando el cielo hacia arriba. Al acabar la exhalación, los brazos deben llegar al máximo de su extensión. Experimenta el poderoso vacío generado por la ausencia de aire en tu cuerpo mientras cuentas hasta diez.

Ahora, mientras inhalas lentamente, baja los brazos a los lados y luego, al final de la inhalación, vuelve a subirlos a la altura de los hombros. Retén el aire mientras cuentas hasta diez y de nuevo empuja el cielo mientras exhalas.

Realiza este ejercicio de levantar el cielo durante cinco ciclos de respiración. Hará que tu mente esté mejor enfocada y reforzará tu cuerpo con una nueva energía revitalizadora.

El caminar pranayámico

Beneficios: En sí mismo, caminar es una actividad inductora del prana. Cuando caminas estás incrementando tu ritmo cardiovascular de una forma segura y tu cuerpo empieza a tomar más oxígeno vivificador de una forma natural. Caminar te proporciona inmediatamente una energía que te acompaña durante el resto del día.

Aunque mucha gente anda para estar en forma, el caminar pranayámico no es un caminar cuya función principal sea quemar calorías y aumentar la resistencia. Andas para enlazar tu cuerpo y tu mente con los elementos más meditativos de la vida. Esto también proporciona a tu cuerpo el estado físico que, de manera natural, refuerza tu energía.

Algunos maestros sugieren que se practiquen ejercicios de ciertas técnicas de pranayama, como por ejemplo kapalabhati, mientras se camina. Aunque eso sea posible, asociar el acto de caminar a esa técnica de pranayama puede desequilibrar tu cuerpo y causar hiperventilación, lo que hace que esa no sea una práctica ideal.

Cuando comiences tu primer paseo pranayámico, piensa que, aunque en tu vida hayas caminado un número incalculable de kilómetros, ¿cuántas veces has sido consciente de tu respiración mientras lo hacías? Esta es la diferencia entre el caminar normal y el caminar pranayámico.

Técnica: Para comenzar, simplemente fíjate un destino y empieza a caminar. Al empezar este recorrido, toma nota de tu respiración. Observa cómo esta se acelera y cómo aumenta tu flujo sanguíneo según se va calentando tu cuerpo.

Mucha gente empieza a respirar por la boca de forma natural cuando camina. Cuando se llevan a cabo actividades cardioaeróbicas es más fácil respirar por la boca porque así el oxígeno puede entrar más rápidamente. No obstante, si caminas dentro de la práctica del pranayama, debes controlar tu forma de respirar.

Primero, de manera consciente, respira sólo por la nariz. Respirando de esta forma, estarás usando tu sistema de filtrado natural. Pero si en cualquier momento se vuelve di-

fícil, respira por la boca y simplemente ra-
lentiza el paso.

Meditaciones en movimiento

Observando conscientemente tu respiración mientras caminas inhalando y exhalando pausadamente por la nariz, elevas el caminar a un nivel de movimiento en meditación.
Entonces se convierte en algo más que una
simple actividad física voluntaria.

Caminando de esta forma, notas que el prana entra y sale de tu cuerpo de forma natural.

Sientes que el aire que entra te vigoriza y te revitaliza, algo que resulta muy evi-
dente cuando no hay aire en tu interior. No
sólo estarás ejercitando el cuerpo sino que,
además, estarás alcanzando un nuevo nivel
de refinamiento mental en tu propósito de

mantenerte lleno de energía en momentos de necesidad.

Siendo consciente de esta práctica, aprendes a introducir oxígeno lleno de prana en tu cuerpo de la forma más efectiva cada vez que lo necesites.

Jugando con la mente

Una vez que eres consciente de tu interacción con el oxígeno lleno de prana, es natural que juegues y experimentes con sus múltiples efectos. Puede que te descubras reteniendo el aire un poco más de lo necesario, o inspirando con más profundidad de lo que se requiere. Eso no es necesariamente malo. En realidad, lo bueno acerca de la respiración, en especial si estás en medio de una actividad física, es que, si no estás respirando de forma correcta, tu cuerpo tomará rápidamente el control sobre el proceso y te impondrá una pauta más natural. A través de esta experimentación, al final llegarás a una nueva y más refinada comprensión del prana vivificador que entra en tu cuerpo por medio de la respiración, lo que te permitirá utilizar esta energía esencial en momentos de necesidad.

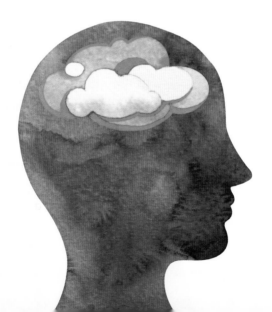

Epílogo

Las técnicas del pranayama se han enseñado, practicado y expandido durante siglos, dejando pocas dudas de su gran valor.

Nosotros, que habitamos este mundo moderno, ya no tenemos que orientar nuestra práctica pranayámica únicamente hacia la búsqueda de la iluminación. En su lugar, podemos tomar estos antiguos ejercicios, enfocarlos desde una perspectiva moderna y utilizarlos para cubrir las necesidades específicas de nuestro tiempo.

El pranayama se puede convertir en la herramienta que ayude a cada uno de nosotros a desarrollar nuestra contribución esencial a la evolución de la humanidad.

Lo único que tenemos que hacer es respirar…

Acerca del autor

Scott Shaw es un consumado escritor, profesor, practicante de artes marciales y de budismo. Ha enseñado yoga durante más de veinticinco años y es autor de numerosos títulos, entre los que cabe destacar:

Yoga: The Inner Journey,
About Peace,
Zen O'clock,
El tao de la autodefensa,
Nirvana in a nutshell.

Créditos fotográficos